CENTENAIRE

DE

Mme DE LAUNAY

FÊTÉ A GILLES

(EURE-ET-LOIR)

Le 14 Juillet 1875

PARIS

E. DE SOYE ET FILS, IMPRIMEURS

5, PLACE DU PANTHÉON, 5

1875

CENTENAIRE

DE

MME DE LAUNAY

FÊTÉ A GILLES

(EURE-ET-LOIR)

Le 14 Juillet 1875

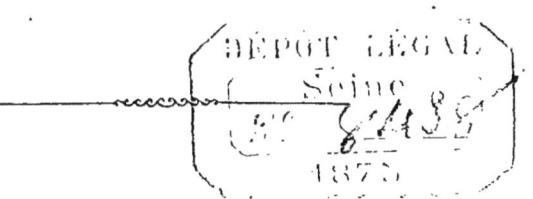

PARIS

E. DE SOYE ET FILS, IMPRIMEURS

5, PLACE DU PANTHÉON, 5

—

1875

AUX PARENTS ET AMIS

Le souvenir de la fête que nous avons célébrée ensemble à l'occasion du centenaire de Mme de Launay, ne saurait s'effacer de nos cœurs. Il a paru bon cependant qu'un écrit, que nous déposerons dans nos archives de famille, conservât le récit de ce qui s'est fait en ce jour du 14 juillet 1875. Il sera une consolation pour ceux à qui il n'a pas été permis d'y venir assister.

L'UN DES PETITS-FILS.

La famille de Mme de Launay de Painchault (1) compte en ce moment vingt-sept membres disséminés dans l'Ile de France, la Normandie, le Mainé, l'Anjou et la Vendée. A l'approche du centième anniversaire de la naissance de cette vénérable dame, tous se trouvèrent unanimes dans la pensée qu'il convenait de célébrer en se réunissant autour d'elle, une date si remarquable. C'était aussi le désir de la population de Gilles au milieu de laquelle Mme de Launay a toujours vécu, de fêter ce jour en lui donnant des marques du respect et de l'affection générale qu'elle a su se concilier.

La fête devait avoir deux parties : cérémonie religieuse le matin à l'église, fête champêtre et divertissements le soir.

Par tous les chemins, les uns après les autres sont arrivés les membres de la famille; ceux du moins que

---

(1) Painchault, en breton Penc'hoet, qui signifie tête, ou commencement du bois, est une propriété située paroisse du Genest (Mayenne); elle appartient à la descendance de Mme de Launay.

La famille de Launay est originaire du Bas-Maine. Son berceau fut le château de Launay, paroisse de Beaulieu, maintenant diocèse de Laval. Elle remonte au moins au treizième siècle. Elle se divisa en plusieurs branches. — Voir à l'appendice comment ont fini les deux dernières, la branche de Launay du Fresne et la branche de Launay de Painchault.

des devoirs impérieux ne retenaient pas. Les cœurs de tous étaient bien certainement à Gilles.

L'église avait été gracieusement décorée par les soins de M. le Curé qui mettait la plus aimable bonne volonté à donner à la fête le plus grand éclat.

La veille, Mgr l'évêque de Chartres eut la délicate bonté d'adresser à la centenaire la lettre suivante que Sa Grandeur a bien voulu nous permettre de reproduire.

Chartres, le 21 juillet 1875.

Madame,

Les livres saints qui nous assurent qu'il n'est pas désirable que nos années soient trop prolongées, disent cependant aussi qu'il y a de bonnes et heureuses vieillesses. La vôtre est de ce nombre, Madame, Dieu après vous avoir rendu témoin de tant d'événements divers, vous a conservée jusqu'à ce jour, pour que vous lui rendiez grâces et que vous le bénissiez de tout votre cœur. Vous êtes sans doute plus proche de la véritable patrie, mais vous vous êtes préparée à y entrer par votre piété, vos bonnes œuvres, et votre confiance en la divine bonté.

Je m'unirai surtout le 14 à votre très-honorable famille et à vos nombreux amis, et je dirai ce jour-là la sainte messe à votre intention.

Veuillez, je vous prie, Madame, agréer l'hommage de ma vénération et de mon respect avec celui de mon affectueux dévouement.

† L. Eugène, év. de Chartres.

Il avait été arrêté que la messe serait célébrée par le petit-fils de Mme de Launay, M. Couanier de Launay, chanoine honoraire de Laval, et curé de la paroisse de Saint-Remi de Château-Gontier (Mayenne) (1).

(1) Après avoir été marié, M. Couanier se mit aux études ecclésiastiques, puis se rendit à Rome où il les acheva et où il reçut les Saints Ordres.

I

A onze heures on se rendit à l'église de Gilles. La foule se pressait déjà nombreuse aux environs. La vénérable centenaire, à la descente de voiture, fut reçue par M. le Curé, et conduite au fauteuil qui l'attendait au devant de la balustrade du sanctuaire. Là M. le Curé lui adressa les paroles de bienvenue que nous reproduisons :

« Madame,

« Une voix qui vous est tout particulièrement chère et agréable va se faire entendre dans un instant. Permettez-moi seulement de venir en ce moment au nom de tous les habitants de cette paroisse que vous avez vu grandir pour la plupart, et au milieu desquels vous habitez depuis si longtemps, vous exprimer leur reconnaissance, leurs félicitations, leurs vœux les plus ardents, et, — je crois pouvoir dire aussi sans crainte d'être démenti — les plus sincères. Vous savez quel attachement ils vous portent, quelles sont leurs intentions à votre égard. Il n'est pas besoin de vous dire que cette longévité dont vous jouissez, nous sommes tous convaincus que c'est la récompense due à la vertu.

« Daigne le Seigneur vous conserver encore longtemps parmi nous. C'est là le souhait que nous formons en ce moment au pied du saint autel; c'est là ce que nous allons demander au bon Dieu pendant le saint sacrifice de la messe. Nous y sommes d'autant plus intéressés que votre présence au milieu de nous est une source de bienfaits et de bénédictions.

« Daigne notre divin Sauveur que vous servez avec tant de fidélité depuis cent ans, exaucer nos prières et vous accorder cette récompense que nous croyons si justement méritée. — Ainsi soit-il. »

Pendant cette allocution M. le chanoine Couanier de Launay, revêtu des ornements sacerdotaux, se tenait au bas des marches de l'autel. Il commença la messe immédiatement.

Après avoir lu le saint Évangile, il descendit à la balustrade et prononça le discours suivant :

> *Omnes communi consilio decreverunt nullo modo diem istum absque celebritate præterire.*
>
> (II Machab., xv, 36.)
>
> Tous furent d'accord que ce jour ne pouvait aucunement passer sans une solennité particulière.

Ma bonne grand'mère,
Mes frères,

Celui qui nous envoie en ce monde, Dieu notre créateur, ne veut pas que nous regardions la terre comme notre demeure définitive et éternelle. Il nous y place afin que nous puissions par notre fidélité conquérir une patrie meilleure. Dans sa bonté pourtant, il l'a tellement munie de tout ce qui nous est nécessaire, utile, ou même simplement agréable, que ce séjour, quoiqu'il ne soit qu'un lieu d'épreuve et d'exil, a le don de nous charmer.

Mais l'Esprit divin, dans les Ecritures qu'il a inspirées, nous fait souvent redire par les écrivains sacrés, de ne pas néanmoins attacher nos cœurs ici-bas, et d'aspirer toujours à une future vie. *Non habemus hic manentem civitatem, sed futuram inquirimus.* (Hebr. xiii, 14.) Les richesses que l'on amasserait sur la terre deviendraient aisément la proie de la rouille ou des voleurs, tandis que celles qui sont recueillies pour le ciel sont à l'abri de toute atteinte (1). La vie est un souffle qui passe, dit le saint homme Job, une nuée qui se dissipe (2). L'homme, ajoute-t-il ailleurs, vit peu, rempli de bien des misères ; fleur qui paraît et se fane, il ne comptera que peu de jours, et le mystère de leur nombre demeure un secret de Dieu (3). Selon saint Bonaventure, dont il convient de rappeler l'enseignement en ce jour (4), c'est une fumée qui, au moment où elle s'élève, semble quelque chose, et qui, lorsqu'on s'attend à lui voir prendre corps, s'évanouit (5). Selon saint Jean Chrysostôme, c'est une fable, un songe. *Fabula quœdam et somnium, vita* (6). Et tous les Pères

---

(1) *Nolite thesaurizare vobis thesauros in terra ubi œrugo et tinea demolitur... Thesaurizate vobis thesauros in cœlo, ubi fures non effodiunt nec furantur.* Matth., vi, 19, 20.
(2) *Ventus est vita mea... Sicut consumitur nubes et pertransit.* Job. vii, 7, 9.
(3) *Homo... brevi vivens tempore, repletur multis miseriis. Qui quasi flos egreditur et conteritur... Breves dies hominis sunt... contituisti terminos ejus, qui præteriri non poterunt.* Job, xiv, 1, 2, 5.
(4) Le 14 juillet, fête de saint Bonaventure, docteur de l'Eglise.
(5) *Vapor sive fumus videtur magnum quid, dum ascendere incipit sed dum adesse creditur evanescit : sic vita dum florere videtur, modica febre extinguitur.* S. Bonaventuræ, Serm. i de Inventione Crucis.
(6) Homil. 50 ad popul. Antiochenum.

répètent avec un tel ensemble : Misère, tribulations, souffrances, larmes, que l'on se déprend de l'amour de la vie, et que l'on en vient à remercier Dieu de ce qu'il veut bien en effet le plus souvent abréger nos jours. Ainsi du moins pensent les chrétiens qui, comme saint Paul, aspirent à des dons meilleurs, à une plus excellente vie, et désirent la mort pour être réunis au Christ (1).

Les longs jours cependant sont promis par Dieu même et offerts comme une bénédiction ; il est vrai qu'alors même qu'il les accorde, ils sont toujours peu de chose devant lui pour qui mille ans semblent un seul jour (2). La longévité est promise à ceux qui rendent honneur à leur père et à leur mère (3). Il est dit aussi au livre de l'Ecclésiastique, que la crainte du Seigneur, en rendant le cœur joyeux, donne la longueur des jours, que cette crainte est la racine de sagesse, et qu'elle multiplie les années. *Timor Domini delectabit cor, et dabit... longitudinem dierum. Radix sapientiæ est timere Dominum et rami illius longævi* (4).

---

(1) *Emulamini autem charismata meliora. Et adhuc excellentiorem vitam vobis demonstro. Desiderium habens dissolvi et esse cum Christo.* I Cor. XII, 31. Philipp. I, 23.
(2) *Unus dies ante Dominum sicut mille anni, et mille anni sicut dies unus.* II Petr. III, 8.
(3) *Honora patrem tuum et matrem tuam, ut sis longævus super terram.* I Exod. XX, 12.
(4) Eccli. I, 12, 25.

Ces dernières paroles, mes frères, vous feront comprendre le sens de cette cérémonie et le motif chrétien de cette réunion. Assurément nous sommes tous venus ici pour nous réjouir de voir notre bien-aimée mère, à cet âge de cent ans, encore bien portante et pleine de vie; nous sommes venus demander ensemble à Dieu que ses jours qui dépassent la mesure commune (1) soient encore suivis de beaucoup d'autres jours; mais nous sommes surtout venus féliciter Mme de Launay des exemples qu'elle nous donne, et remercier le divin Maître de ce qu'elle a toujours vécu dans sa crainte, guidée par sa sagesse, femme remplie d'honneur et de foi, encore plus que de jours. — C'est là ce qui fait qu'elle est notre gloire et que nous sommes fiers de lui former une couronne quatre fois rajeunie; c'est là ce qui nous rend sa vieillesse vénérable (2); c'est là ce qui nous amène pour accomplir le devoir de respect que l'Esprit-Saint nous impose envers elle à cause de son grand âge (3); c'est là enfin ce qui fait que nous avons été tous d'accord que ce jour ne pouvait passer sans une particulière solennité. *Omnes communi consilio*

---

(1) *Numerus dierum hominum ut multum centum anni.* Eccli. XVIII, 8.
(2) *Senectus enim venerabilis est non diuturna..... vita immaculata.* Sap. IV, 8, 9.
(3) *Ne contemnas cum senuerit mater tua.* Proverb. XXIII, 22.

decreverunt nullo modo diem istum absque celebritate præterire.

Vous, mes frères, vous avez été les témoins de toute sa vie, et ce que vous n'avez pas vu, vous l'avez recueilli du témoignage de vos pères ou des pères de vos pères, et c'est pourquoi vous avez voulu que ce jour fût pour vous aussi un jour solennel ; famille selon le cœur et la communauté de vie, vous avez voulu vous unir à la famille selon le sang, et nous confondons avec bonheur, vous et nous, dans un même sentiment et une expression unanime, nos éloges, notre affection et nos prières, ayant tous été d'accord que ce jour ne pouvait passer sans une particulière solennité. *Omnes communi consilio decreverunt nullo modo diem istum absque celebritate præterire.*

Mme de Launay naquit le 14 juillet 1775, le jour où la sainte Eglise fête le grand docteur saint Bonaventure, un peu plus d'un an après que le roi Louis XVI fut monté sur le trône. C'était pour la chrétienté une année jubilaire. Notre grand'mère, après avoir vu depuis les jubilés de 1800, de 1825 et de 1850, célèbre son jubilé centenaire en même temps que l'Eglise en cette année 1875.

Elle passa sa petite jeunesse à Paris ; elle vit encore cette ancienne société française dont la nôtre diffère si profondément, et put en conserver des souvenirs dont le récit dans sa bouche nous a souvent intéressés. Elle avait quatorze ans en 1789 et célébrait pieusement l'anniversaire de sa naissance le jour même où le peuple de Paris préludait aux violences de la Révolution par la prise de la Bastille. Elle allait entrer dans sa dix-huitième année quand Louis XVI fut conduit à l'échafaud. Ainsi, à l'âge où les impressions sont le plus vives, elle fut témoin de ces bouleversements, de ces terreurs et de ces crimes qui ont attristé notre histoire à la fin du siècle dernier.

Bientôt mariée à un ancien mousquetaire, (à 19 ans) elle vint habiter cette petite solitude de Gilles-bois, et établir son poste de travail, de lecture et d'observation près de cette fenêtre où nous la retrouvons encore, et d'où l'œil plonge en se reposant entre les hautes murailles de verdure de la demi-lune et de la chênaie.

Là elle vit naître ses deux filles, et puis venir successivement, de près ou de loin, les quatre générations qui sont ici réunies ou représentées aujourd'hui. Là, tout entière aux soins de l'intérieur, aux joies ou aux chagrins de la famille, elle demeurait comme dans une oasis, où le bruit des événements politiques pouvait bien jeter un retentissement, mais sans en diminuer le calme, et sans la troubler. Comme un observateur assis sur le sommet de la falaise au bord de l'Océan, voit dans l'orage, sombrer et disparaître les barques des pêcheurs, que de gouvernements elle a vus s'évanouir sous la vague révolutionnaire ! Après les plus mauvais jours qui suivirent l'explosion, un premier empire ; une restauration ; les cents-jours ; une seconde restauration ; le régime de juillet 1830 ; une seconde république ; encore un empire. Que de guerres ! que de violences ! que de catastrophes ! — Deux fois l'invasion !

Et pendant que la France, ne sachant que faire d'elle-même, souffre de ses essais à la poursuite d'un idéal qu'elle ne peut définir, se relève un moment et retombe, aussi cruelle à elle-même que ses plus cruels ennemis, que d'attentats contre la sainte Eglise de Dieu ! Pie VI détrôné meurt à Valence (1799). Pie VII, après avoir sacré Napoléon Ier, est son captif à Fontainebleau. Léon XII, Pie VIII passent rapidement sur le siège de saint Pierre. Pie IX, l'amour et l'admiration du monde est abandonné, envahi, dépouillé.

Mme de Launay n'est pas demeurée étrangère à tous ces événements ; elle s'y est associée et en a souffert comme Française et comme chrétienne. Mais la Providence ne lui avait point donné mission de s'y mêler autrement que par ses vœux, ses soupirs, et ses prières. Elle a accompli des devoirs plus humbles, en faisant apprécier par tous ceux qui l'approchaient la gaieté de son caractère, la franchise de son affection, la générosité de son cœur.

Il m'est permis de vous louer ainsi, bonne grand'-mère, car à l'âge que vous avez atteint il semble que l'âme dégagée plane au-dessus des petitesses humaines et qu'elle n'est plus accessible aux fausses vanités qui enivrent quand on est jeune. Vous avez vu le néant de toute chose ici-bas, et ce qui vous reste après avoir fait la sérénité de toute votre vie, c'est seulement la satisfaction légitime du devoir rempli et du bon exemple donné.

Nous trouvons à nous instruire dans votre vie, nous, vos enfants, et les bons habitants de cette paroisse qui vous fêtent avec nous. Vous donnâtes un exemple de désintéressement, lorsque, il y a plus d'un demi-siècle, ayant perdu votre mari et vos deux filles vous fîtes prématurément abandon de leurs biens à vos petits-enfants, ne vous réservant qu'un revenu bien modeste. Votre générosité se montra en aidant autant que vous le pouviez à l'entretien, au moins passager, des curés qui furent par intervalles donnés à la paroisse de Gilles en attendant qu'elle en pût obtenir un résidant. Votre charité, selon le précepte de l'Evangile, s'exerça sans bruit ; mais on sait combien de pauvres ou de malades elle a secourus, se portant vers eux d'elle-même et souvent sans attendre qu'on vînt lui faire appel. Quatre fois de graves accidents vous atteignirent dans vos membres, et mirent, le dernier surtout, à l'épreuve votre patience (1). Votre foi, votre obéissance aux lois de l'Eglise se manifestèrent par la conservation énergique des pratiques pieuses du foyer, l'assistance aux offices du dimanche, même quand vous ne pouviez les trouver que dans une église éloignée, la fidélité à observer la loi de l'abstinence. Votre esprit profondément chrétien, ne discutait pas, ne se plaignait pas, n'acceptait même pas volontiers les adoucissements.

Voilà de quoi je vous loue, bonne grand'mère, parce qu'ainsi vous avez donné le bon exemple au milieu des défaillances, des défections et des révoltes de ce temps et de ce pays ; parce qu'ainsi vous nous avez montré la route, à nous tous, vos enfants, qui ne pouvons être dignes de vous qu'en demeurant inébranlablement chrétiens. En vous honorant, nous amasserons un trésor, parce que nous ne pouvons vous honorer qu'en vous imitant. *Sicut qui thesaurisat, ita et qui honorificat matrem.* (Eccli. III, 5.)

Vous avez été vraiment bénie de Dieu, car ce qui vous fut souhaité par son ministre au jour de

---

(1) Mme de Launay s'est brisé, à différentes époques, les deux bras et les deux jambes. Un bras mal remis ne permet plus à la centenaire de se servir elle-même en beaucoup de choses comme elle le voudrait.

votre mariage s'est à la lettre accompli. Le prêtre disait : « regardez, Seigneur, votre servante que voici ; soyez-lui propice ; que son joug soit de dilection et de paix ; qu'elle imite les saintes femmes ; qu'elle ait la sagesse de Rébecca, la longue vie et la fidélité de Sara ; qu'elle s'attache à la foi et aux commandements ; qu'elle soit digne de tous les respects, instruite des célestes doctrines, femme éprouvée et sans reproche. » Et il ajoutait le vœu que vous puissiez voir les enfants de vos enfants jusqu'à la troisième et la quatrième génération (1).

Or tout à l'heure je rappelais l'aménité du caractère de notre centenaire, *jugum dilectionis et pacis*, son attachement à la foi, *nexa fidei*, sa scrupuleuse obéissance aux commandements, *mandatisque*. Elle a été ainsi l'imitatrice des saintes femmes, *imitatrix sanctarum permaneat fœminarum*, elle a été sage et digne d'honneur comme Rébecca, *probata et innocens*; elle a vieilli comme Sara dont elle égalera peut-être les années (2) *et ad optatam perveniant senectutem*. Enfin cette

(1) *Respice propitius super hanc famulam tuam... Sit in ea jugum dilectionis et pacis... imitatrixque sanctarum permaneat fœminarum... Sapiens ut Rebecca; longœva et fidelis ut Sara... nexa fidei, mandatisque permaneat... Sit verecundia gravis, pudore venerabilis, doctrinis cœlestibus erudita... Sit probata et innocens... et videant ambo filios filiorum suorum usque ad tertiam et quartam generationem, et ad optatam perveniant senectutem.* — Missel romain, Messe du mariage.

(2) Sara, femme d'Abraham, mourut à 127 ans.

— 21 —

troisième et quatrième génération qu'on lui souhaitait de voir sont ici.

Mais, mes frères, souvenons-nous que si les vœux exprimés par la sainte Eglise ont été suivis ainsi d'un extraordinaire accomplissement, c'est que celle sur laquelle ils furent formulés, s'est tenue attentive à accueillir les grâces divines, soigneuse à en profiter. Dieu ne refuse ses grâces à personne ; il en a de spéciales pour les différents états qu'il a lui-même institués ; il nous en comble tous alors même que nous n'en tenons pas grand compte; mais s'il se montre généreux et père même pour des enfants inattentifs ou coupables, il a — et c'est justice — des grâces de choix, des dons plus magnifiques pour ses enfants fidèles. Il ne veut pas que ceux-là soient toujours méconnus ; il fait éclater même en ce monde la gloire de celui qui l'a servi dès son enfance (1), et tire lui-même sa gloire des vertus qu'il a inspirées, en les rendant visibles à tous, éclatantes comme la lumière aux yeux des hommes. En accordant des années à notre vénérée centenaire, Dieu s'est donc proposé un double but, récompenser d'abord en elle cette fidélité, cette crainte salutaire qui, comme je l'ai dit en commençant, assure de longs jours en réjouissant le cœur ; donner ensuite à tous ceux qui

---

(1) *Bonum est viro cum portaverit jugum ab adolescentia sua.* Thren. III, 27.

la connaissent une leçon, leur montrer cette lumière qui est l'éclat des bonnes œuvres, afin qu'ils se sentent poussés à être bons aussi, chrétiens aussi, et à procurer par leur vie la gloire du Père céleste qui leur donnera à son tour la récompense qu'ils auront méritée (1).

Mme de Launay doit sa longévité d'abord à ce que Dieu, qui est fidèle dans ses promesses, a voulu tenir envers elle sa parole. Elle le reconnaissait elle-même et le proclamait il y a quelques années. Quand elle eut dépassé 95 ans, elle sentit que le maître de la vie lui faisait un don rare, elle se demanda à quoi pouvait tenir cette faveur, et remontant jusqu'à sa jeunesse, elle trouva l'honneur qu'elle avait toujours rendu à son père et à sa mère, l'obéissance qu'elle avait toujours eue pour eux pendant leur vie, et le grand respect dont elle ne se départit jamais à leur égard, pas même quand elle parlait d'eux longtemps après qu'elle les eut perdus. « Je suis, disait-elle, une leçon pour le temps présent dans lequel la jeunesse n'a plus de déférence ni de respect pour les parents; j'ai vieilli parce que selon les traditions de mon temps, j'ai accompli ce devoir. *Honora patrem tuum et matrem tuam ut sis longævus super terram.*

---

(1) *Sic luceat lux vestra coram hominibus ut videant opera vestra bona et glorificent patrem vestrum qui in cœlis est.* Matth. v, 16.

Notre grand'mère doit en second lieu sa longévité à ce qu'elle a été une femme selon le cœur de Dieu. Le livre des Proverbes nous fait le portrait de cette femme à laquelle il décerne le titre de femme forte, en déclarant que ce trésor est difficile à trouver. Voyons jusqu'à quel point nous avons le droit de dire que ce trésor, votre petite paroisse le possède.

Les mains de cette femme, d'après le livre sacré, ne sont point oiseuses ; elle cherche et met en œuvre la laine et le lin, *quæsivit lanam et linum et operata est consilio manuum suarum* (1). Notre grand'mère a toujours été active ; elle a aimé à voir naître sous son aiguille les dessins de tapisserie qu'elle composait souvent elle-même, et plus encore à tricoter cette laine qui devait en hiver conserver aux pieds du pauvre la chaleur. Dans les longues soirées d'hiver, autour d'elle se réunissaient ses servantes, les rouets au bruit monotone, enroulaient le fil fort et fin que leur préparaient des doigts agiles, et le travail était égayé par le chant de quelque vieux refrain ou le récit de quelque vieille légende, *et digiti ejus apprehenderunt fusum*. Avec sa fortune si réduite, elle savait faire des économies. Ainsi elle acheta quelques terres (2), *consideravit agrum et emit eum*, elle

(1) Prov. xxxi, 10 et suiv.
(2) Historique.

s'occupa de l'amélioration de ses vignes (1), *de fructu manuum suarum plantavit vineam.* Et cependant elle n'oubliait pas le pauvre, elle ouvrait sa main à l'indigent, *manum suam aperuit inopi, et palmas suas extendit ad pauperem.* Sa parole était sage, sa langue avait pour loi la charité et la douceur, *os suum aperuit sapientiæ et lex clementiæ in lingua ejus.* Ainsi elle n'a pas mangé son pain dans l'oisiveté, *panem otiosa non comedit.*

Et nous, ses enfants, nous nous levons et nous la déclarons bénie, *surrexerunt filii ejus et beatissimam prœdicaverunt.* Vous paroissiens de Gilles, vous la félicitez de ce qu'elle a craint Dieu, *mulier timens Deum, ipsa laudabitur.*

Nous avons eu raison : non vraiment ce jour ne pouvait aucunement passer sans une particulière solennité, *decreverunt nullo modo diem istum absque celebritate prœterire.*

Maintenant, bonne grand'mère, ouvrez votre cœur à cette joie que vous avez témoignée quand on vous a dit que votre messe jubilaire ne serait pas célébrée par un autre que votre petit-fils. Vous avez béni Dieu de ce qu'il attachait un des vôtres au service de son sanctuaire, et sa vocation bien

---

(1) Historique.

qu'extraordinaire n'a pas étonné votre foi. Il va cesser de se faire entendre aux hommes ; mais remontant à l'autel, il va parler à Dieu. Pour vous, entre ses mains, va descendre la divine victime, et le sang du Calvaire va être offert à l'Eternel. Tous vont s'associer à l'ardeur de ses demandes. Et quand le sacrifice aura été achevé, lui, votre petit-fils, en vertu de l'onction sacerdotale, il élevera les mains vers le ciel afin d'y puiser pour sa grand'-mère toutes les grâces, et il vous bénira.

Il faut qu'il en soit ainsi dans le lieu saint.

Mais quand, retournés au foyer domestique, tous vos enfants vont se presser autour de vous, ils vous prieront tous d'étendre à l'exemple des patriarches vos mains révérées et bénies sur chacune de leurs têtes, et de leur souhaiter, en vertu de votre autorité de mère, toutes choses heureuses pour le temps et pour l'éternité.

Le repas de famille eut lieu après le retour à Gilles-bois.

A la table de Mme de Launay se trouvaient M. le maire de Gilles; deux amis, M. Ollivier, chanoine et vicaire général honoraire de Chartres, et M. Vilbert, aumônier de la Chapelle de Dreux; deux fermiers représentants de tous, y étaient aussi admis. Aux autres étaient offerts des rafraîchissements.

Pendant l'après-midi on se fit présenter à la centenaire, qui se montra bonne et souriante à tous.

Le soir, des lanternes vénitiennes suspendues entre les arbres devaient éclairer la pelouse, on aurait fait brûler des feux de bengale, et au son de l'instrument du ménétrier du village les jeunes gens se seraient livrés à des divertissements, qui eussent beaucoup rappelé ceux qui étaient en usage sous l'ancien régime, au temps de la petite jeunesse de Mme de Launay. Mais le soleil après avoir illuminé la cérémonie religieuse, refusa son éclat à la fête profane; la pluie ne permit pas les passe-temps du dehors et nécessita quelque modification au programme.

Les amusements se terminèrent à une heure convenable, et chacun se retira emportant de ce jour un doux et cher souvenir.

APPENDICE

Les quatre générations de Mme de Launay.

M. Anne-Louis de Launay de Painchault eut de son mariage avec Mlle Geneviève Guichard (notre centenaire), deux filles :

PREMIÈRE GÉNÉRATION.

1° Geneviève, mariée en 1819 à M. Étienne Couanier, demeurant à Laval, veuf en premières noces de Mlle de Launay Du Fresne, d'une autre branche de la même famille de Launay (1).

2° Marie-Anne, mariée en 1820 à M. Aimé Trippier de la Grange, demeurant à Mayenne.

BRANCHE AÎNÉE. — DEUXIÈME GÉNÉRATION.

Enfants de Geneviève de Launay (Couanier).

1° Étienne-Louis, marié à Rosalie Boullier de la Touche.
2° Édouard-Aimé, mort jeune.

---

(1) La branche de Launay du Fresne n'avait laissé que des filles, dont l'aînée était morte femme de M. Couanier, sans laisser d'enfants ; la branche de Launay de Painchault, ne laissait aussi que des filles. En donnant l'aînée, Geneviève, à M. Couanier, afin de conserver le nom qui allait être éteint, on fit une convention verbale de mariage, par suite de laquelle M. Couanier ajouta à son nom celui de de Launay.

TROISIÈME GÉNÉRATION.

Enfants de Étienne-Louis Couanier de Launay.

1° Stéphane, ancien sous-officier aux zouaves pontificaux.
2° Marie, mariée à M. A. du Vigneau.
3° Odile, religieuse du Sacré-Cœur.
4° Marguerite, mariée à M. Hippolyte Perreau.
5° Joseph.
6° Thérèse.
7° Louis.
8° Geneviève.

QUATRIÈME GÉNÉRATION.

Enfants de Marie Couanier de Launay (du Vigneau).

1° Jeanne-Françoise de Chantal.
2° Germaine.

Enfant de Marguerite Couanier de Launay (Perreau).

1° Maurice.

BRANCHE CADETTE. — DEUXIÈME GÉNÉRATION.

Enfants de Marie-Anne de Launay (de La Grange).

1° Bonne, mariée à M. Edmar, marquis de l'Espinasse-Laugeac, décédée.
2° Valérie, mariée à M. T. de Bouffé.

A. — TROISIÈME GÉNÉRATION.

Enfants de Bonne de La Grange (de l'Espinasse).

1° Marie, mariée à M. Georges de Villiers.
2° Harold, officier de spahis.

QUATRIÈME GÉNÉRATION.

Enfant de Marie de l'Espinasse (de Villiers).

1° André.

B. — TROISIÈME GÉNÉRATION.

Enfants de Valérie de la Grange (de Bouffé).

1° Robert, mort jeune.
2° Marie, morte jeune.
3° Jeanne, mariée à M. Georges, comte de Ferrières.
4° Renée.

QUATRIÈME GÉNÉRATION.

Enfants de Jeanne de Bouffé (de Ferrières).

1° Marie-Thérèse.
2° Gontran.
3° Armand.

Paris. — E. DE SOYE et FILS, imprimeurs, place du Panthéon, 5.

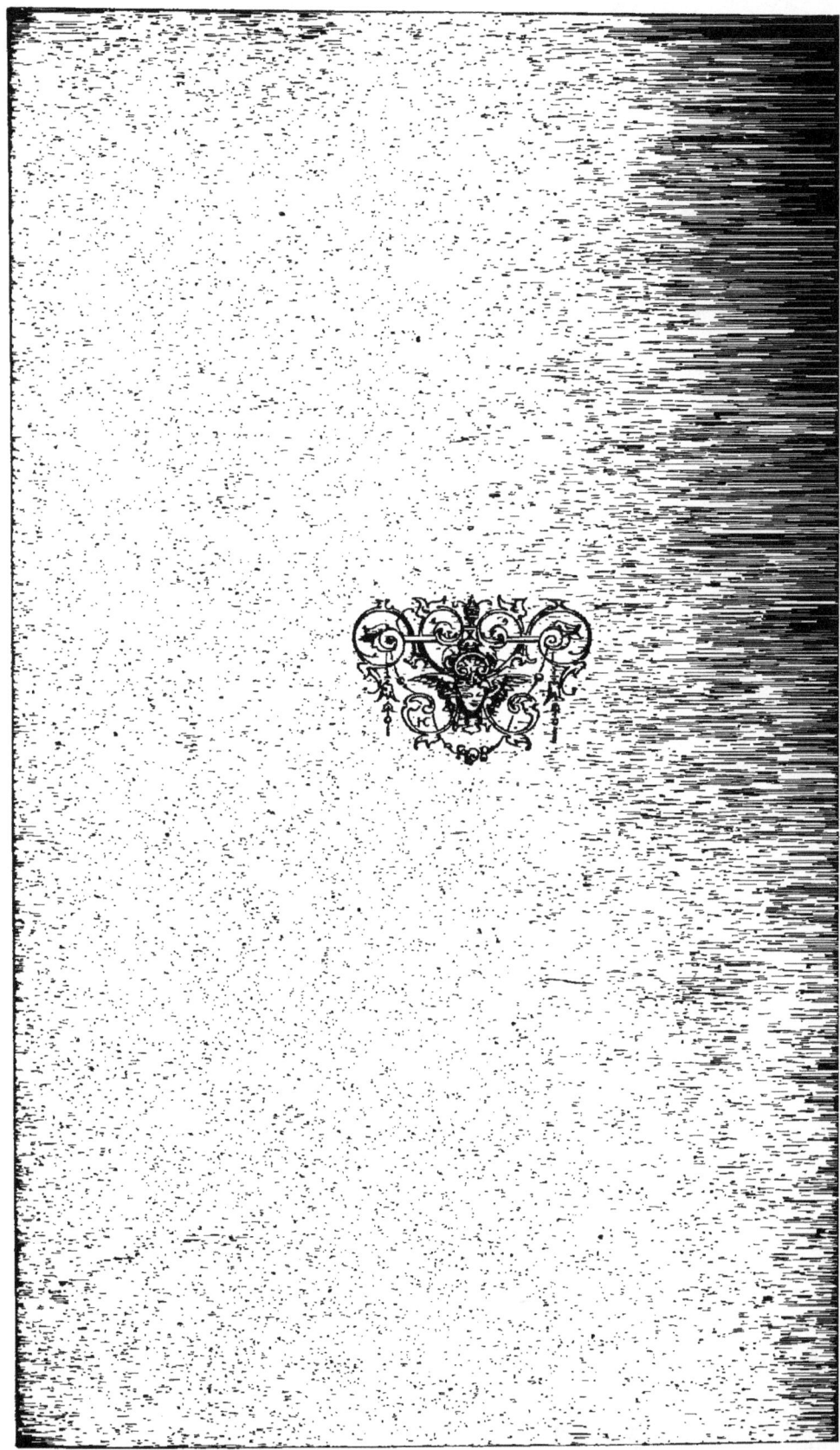

www.ingramcontent.com/pod-product-compliance
Lightning Source LLC
Chambersburg PA
CBHW060728050426
42451CB00010B/1677